OS 100 MELHORES SONETOS CLÁSSICOS DA LÍNGUA PORTUGUESA

ORGANIZAÇÃO E APRESENTAÇÃO
Miguel Sanches Neto

2ª EDIÇÃO

EDITORA
NOVA
FRONTEIRA

Copyright © 2022 Miguel Sanches Neto

Direitos de edição da obra em língua portuguesa no Brasil adquiridos pela Editora Nova Fronteira Participações S.A. Todos os direitos reservados. Nenhuma parte desta obra pode ser apropriada e estocada em sistema de banco de dados ou processo similar, em qualquer forma ou meio, seja eletrônico, de fotocópia, gravação etc., sem a permissão do detentor do copirraite.

Editora Nova Fronteira Participações S.A.
Rua Candelária, 60 — 7º andar — Centro — 20091-020
Rio de Janeiro — RJ — Brasil
Tel.: (21) 3882-8200

Dados Internacionais de Catalogação na Publicação (CIP)

S211c Sanches Neto, Miguel
Os 100 melhores sonetos clássicos da língua portuguesa / Miguel Sanches Neto (org.). – 2.ed. – Rio de Janeiro: Nova Fronteira, 2022. (Clássicos de Ouro)
128 p.; 15,5 x 23 cm

ISBN: 978-65-5640-477-6

1. Língua portuguesa. I. Título.

CDD: 469.09
CDU: 811.134

André Queiroz – CRB-4/2242

Não se faz um soneto; ele acontece.

Lêdo Ivo

SUMÁRIO

Museu de sonetos eternos 9

BRASIL

Fase barroca 17
... árcade 19
... romântica 23
... parnasiana 32
... simbolista 52
... pré-modernista 69

PORTUGAL

Fase clássica 77
... barroca 85
... neoclássica 92
... romântica 101
... realista 102
... simbolista 107
... moderna 115

Bibliografia 121

MUSEU DE SONETOS ETERNOS

★ Negado por muitos poetas, e praticado por um número ainda maior deles, o soneto é com certeza a mais representativa forma lírica. Mesmo seus detratores, como um Mário de Andrade do primeiro momento modernista, foram sonetistas, em alguns casos, arrependidos, mas nem por isso menos competentes — em "O artista", parte do "Prefácio interessantíssimo" (*Pauliceia desvairada*, 1922), Mário de Andrade nega essa tradição poética que, para ele, significava atraso literário; se Mário repudia a própria produção passadista em 1922, já em 1924, com uma melhor percepção do valor das formas clássicas, compõe o "Soneto do homem morto", valorizando modernamente o que antes fora descartado como velharia.

★ Oscilando entre momentos de negação e de adesão, o soneto continua no centro da poesia de língua portuguesa. A grande maioria dos poetas que contam na modernidade brasileira pagou tributo a este formato que desafia o seu adepto a ter, na fórmula camoniana, "engenho e arte". Sem a conjunção desses requisitos não se realiza o soneto. Por isso, muitos falham em seu projeto de chegar à poesia pelos catorze versos — rimados ou brancos, metrificados ou não. O equívoco mais frequente é a valorização do engenho, da construção racional e habilidosa do tecido poético, em detrimento do seu poder encantatório. O soneto rigorosamente construído — como queriam os parnasianos — ainda não é necessariamente um soneto, e sim, na maioria dos casos, mero artesanato linguístico. Mas também o soneto profundamente inspirado, que descuida dos aspectos formais, não chega a se constituir em obra realizada. Como o desafio é conciliar o engenho construtivo e a arte inspiratória, muitas são as tentativas e poucos os exemplos memoráveis — mesmo nos grandes poetas que mais se dedicaram a ele. É esta relação entre a produção em série e a permanência na memória afetiva dos leitores a responsável por uma prevenção em relação a tal maquinismo. É necessária uma quantidade absurda de cascalho para se obter as raras pepitas. Uma dedicação extensa à sua escrita para um resultado poético numericamente pequeno, mas qualitativamente muito grande, quando alcançado.

É mais fácil, portanto, malograr no soneto do que em outros gêneros poéticos. Corre-se sempre o risco de praticá-lo como um passatempo poético, uma espécie de palavra cruzada lírica. Caminho da facilidade para os poetastros e instrumento extremamente exigente para os verdadeiros poetas, o soneto é amado/odiado com a mesma intensidade.

★ Expressão antes de continuidade (não apenas de características formais, mas também de ideias e de percepções), o soneto está mais para a reprodução do que para a ruptura, mais para a retomada do que para a invenção. Ao escrever um soneto, mesmo quando nos sentimos espiritual e formalmente independentes, estamos nos ligando a toda uma tradição, pois ele nos coloca sempre, e de forma instantânea, em contato com os séculos de poesia precedentes. É um chamado para as raízes da língua, um vínculo com o que ficou no passado; nele, matamos a saudade ancestral de tudo aquilo do qual nossas sensações se sentem misteriosamente descender.

Neste volume, haverá por isso confusões de autoria; em muitos momentos repetem-se as palavras, os recursos e os sentimentos, e a voz individual, forte em alguns casos — como a de Augusto dos Anjos, Pedro Kilkerry e Fernando Pessoa —, cria apenas sutis dissonâncias no grande coro do soneto. O soneto, arte coletiva, é uma oportunidade de participar de um discurso iniciado num tempo que, mesmo distante, sentimos como nosso.

★ Esta seleta remonta a Sá de Miranda (1481-1558), o grande divulgador do soneto em Portugal. O autor o conheceu em sua estada na Itália, berço da versão em forma fixa, criada por Giacomo de Lentino (1190-1246) e popularizada principalmente por Dante Alighieri (1265-1321) e Francesco Petrarca (1304-1374). No período compreendido por esta antologia, os melhores cultores em língua portuguesa foram Luís de Camões, Gregório de Matos, Manuel Maria du Bocage, Machado de Assis, Raimundo Correia, Alphonsus de Guimaraens, Cruz e Sousa, Augusto dos Anjos, Florbela Espanca e Fernando Pessoa, que comparecem com mais de um poema. Mesmo com produção mais consistente, esses poetas misturam suas vozes aos de outros, que não produziram obra de idêntica magnitude, compondo um único e longo texto, que pode ser lido a partir de uma fictícia unidade autoral.

Não se quis aqui fazer um ranking de poetas ou de poemas, embora o título aponte para isso. Esta seleção é menos uma proposta de cânone do que o exercício de uma preferência. Escolhi os sonetos que me ficaram na memória e outros que pudessem vir a ficar, fiado na ideia de que poesia é o que sobra das leituras dos poemas — poesia como linguagem memorável. Mais do que uma antologia, estas páginas se querem como um museu do soneto produzido entre 1500 e 1920. Um museu em que as peças não pretendem explicar o passado, totalmente avessas a seu uso didático, formando antes um *continuum* lírico, um tempo que permanece existindo para aqueles que são susceptíveis a seu veneno.

* No final de *O fazedor* (1960), Jorge Luís Borges criou uma seção intitulada "Museu", com trechos de livros lidos que entram na sua obra como peças originais, de propriedade de Borges, e não como citações, embora o autor argentino revele as fontes. A presença do texto do outro só fortalece a individualidade do contista, numa inversão crítica do conceito de originalidade. Borges acreditava que o destino de todo texto era ser clássico, participando de um discurso universalizante e superando assim as limitações de tempo, espaço e estilo. Ele se fazia autor de textos já escritos por outras pessoas, encarnando um de seus mais famosos personagens — Pierre Menard.

O conto "Pierre Menard, autor do Quixote" (*Ficções*, 1944) talvez tenha que ser lido sem nenhuma ironia. O tradutor francês que verte o livro de Cervantes para o próprio espanhol, fazendo com que a língua de chegada e a de saída fossem a mesma, não é apenas um caso patológico do plagiador. Mais do que exemplo extremo do copista descarado, Pierre Menard revela a poética da leitura de Borges. Nesta devoção sem distanciamento, o tradutor reproduz palavra por palavra, e na língua original, o texto que ele devia traduzir, fazendo-se autor do próprio *Dom Quixote*, e se sobrepondo a Cervantes. O objeto de sua apropriação autoral não é um livro qualquer, mas um clássico que, quando de seu surgimento, e devido ao grande sucesso de público, foi plagiado, ganhando uma continuidade falsa, o que obrigou o autor a interromper as aventuras do cavaleiro andante, dando-lhe cabo da vida, para que Quixote não continuasse a frequentar os livros impressos por outros. Em *Dom Quixote*, Cervantes se introduz na biblioteca do cavaleiro ensandecido, sendo citado no próprio texto, enquanto credita a autoria deste a um risível autor de origem árabe, Cide Hamete Benengeli — cuja tradução seria Dom Berinjela. A confusão da autoria, própria desta obra, sofre mais uma intervenção com o conto de Borges.

Indo além do humorístico, é possível ver em Pierre Menard toda uma filosofia de leitura e de escrita, campos que, para Borges, se sobrepõem. Para ele, o ato de leitura produz, quando o texto lido se agrega de forma definitiva à memória do leitor, um efeito de escrita. Ler com devoção literária um texto é escrever novamente este texto, colando a ele não um sentido novo, mas um impulso existencial, ressuscitando-o do sono da não leitura. Em última instância, não há diferença entre ler e escrever. Todo ato de leitura é um ato de escrita, e vice-versa. Pierre Menard conquista a autoria de *Dom Quixote* ao ler minuciosamente o texto e ao escrevê-lo. Não se trata de traduzir (de desviar de sua origem), mas de reproduzir, numa mecânica que, recusando o distanciamento, promove a aproximação máxima do original.

Quando introduz, em *O fazedor*, os textos de vários autores afastados no tempo e no espaço, Borges está se propondo como autor deles, num processo que valoriza a literatura não por sua capacidade de produzir o novo, mas por conservar como patrimônio pessoal aquilo que já existe, recolhendo-o a uma obra nova. Todo autor seria, seguindo esta lógica, um antologiador, um curador de museus.

* Na capa deste livro, meu nome aparece na posição de autor e não na de organizador. A razão disso já foi aqui revelada. Não quis fazer uma seleção seguindo critérios mais ou menos objetivos, mas reordenar um legado segundo valores contemporâneos.

Aqui estão sonetos que não se escravizam a esquemas técnicos, podendo assim passar ao leitor um sentido de naturalidade, de simplicidade, de funcionalidade expressiva. Por mais que eles sejam trabalhados, guardam uma espontaneidade sem a qual o soneto corre o risco de cair na gratuidade formal. São poemas que significam e que encantam, que dizem e que embalam, dirigindo-se aos sentidos e à mente. Unem, portanto, razão e inspiração, e funcionam como território da música e do pensamento, ora tendendo mais para uma, ora mais para o outro. Os sonetos desta antologia guardam por isso um valor mnemônico — conquistaram o poder de permanecer na memória e já não pertencem a um autor nem a um tempo ou a uma escola literária, pois figuram como valores estabilizados da língua. É nesse sentido que são clássicos.

* Um poema bem realizado, na opinião de Borges, promove um processo de ampliação da autoria. Lembrando Flaubert, segundo o qual uma obra verdadeiramente boa deixa de ser moderna, clássica ou romântica,[1] em um dos diálogos de Borges com Adolfo Bioy Casares (*Borges*, Destino, 2006), o contista disse: "exagerando um pouco poderia dizer que quando um poema é bom já não é de seu autor" (p.550). Ele deixa de pertencer ao estilo pessoal, a uma percepção específica do mundo, para se tornar patrimônio coletivo, inserindo-se na zona franca do idioma.

Não é outro o critério desta antologia, que se propõe a dissolver barreiras, apresentando um conjunto de poemas que pode ser lido independentemente de seus autores, poemas que não se vinculam a um passado morto, mas que nascem novos e atuais no ato de leitura. Que me pertencem na medida em que sou um leitor deles, que os preferiu a outros.

(A função de todo museu é dilatar o presente rumo ao passado, e não o contrário.)

* Não se busque aqui originalidade; os textos desta antologia versam sobre os dilemas da condição humana. O amor. A morte. A passagem do tempo. A melancolia. A falta de sentido da vida. A solidão. A saudade. O desejo. A palavra mais presente talvez seja ventura e seu antônimo, desventura. É nisso que resume todo o drama de nossa existência, ventura ou desventura.

Dentro desta perspectiva, não foram privilegiados os melhores exemplos técnicos de soneto, mas aqueles que falassem ao homem e não ao estilista. Falassem com a simplicidade capaz de comover, evitando ao máximo o arsenal estilístico próprio de outras épocas literárias. Sonetos que trouxessem um ritmo espontâneo, cujas rimas não fossem por demais forçadas, podendo nos chegar aos sentimentos sem passar por dicionários de mitologia ou de termos raros.

São clássicos (isto é, atemporais e supra-autorais) justamente porque podem ser compreendidos pelo comum dos homens, verdadeiros responsáveis pela manutenção da poesia como coisa viva.

* Separado em dois blocos, os poemas mais identificados com o Brasil e os mais próprios de Portugal, este conjunto não busca fazer uma divisão

---

[1] "*Quand un vers est bon, il pend son école. Un bon vers de Boileau est un bon vers d'Hugo*" — Carta a Louise Colet, 25 de junho de 1853.

entre uma maneira lusitana de fazer poesia e uma brasileira, até porque não existem grandes diferenças nesta seara. A divisão apenas atende a um desejo de mostrar os poemas dentro de sistemas diversos, para ressaltar as semelhanças. Poetas portugueses participam da tradição brasileira, e o inverso também ocorre. Maior do que a diferença é o parentesco dessas duas sensibilidades, voltadas principalmente para uma percepção extremada da passagem do tempo. A saudade é um valor comum aos dois grupos, unindo o que, por critério editorial, aparece separado.

O soneto, mais do que qualquer outro gênero literário, promove a tão falada unificação da língua portuguesa. Os poetas que mais se mantiveram ligados à tradição portuguesa, uma Cecília Meireles e um Manuel Bandeira, fazem a ponte por meio do soneto: encontro de sensibilidades independentes, mas com pontos de contato. Pelo soneto, descendemos de Portugal, da mesma maneira que, por meio desta forma fixa, os portugueses se sentem parte de nossa tradição.

Quando da revolução modernista, o soneto foi banido da produção brasileira declaradamente contemporânea, e isso é atestado por "O artista", poema-recusa de Mário de Andrade, usado para negar seu passado de praticante desta forma. Diferentemente do Brasil, em Portugal, um Fernando Pessoa desposa novas formas, principalmente em seus heterônimos, sem negar o soneto, presente na produção publicada sob seu próprio nome. Para Pessoa, a modernidade não é medida pela originalidade forçada, mas pela capacidade de dar conta de outras inquietações, sem renunciar aos velhos dramas. Pessoa incorpora novas formas sem recusar as antigas, enquanto no Brasil, pela natureza mais bélica das lutas, operou-se uma negação do que não se enquadrava nos valores do momento. Assim, a ruptura lusitana foi menos radical, e por isso mais moderna, uma vez que a modernidade nada mais é do que o direito de praticar todas as formas.

* Ritmo preciso que pensa — assim talvez pudéssemos definir estes sonetos, que revelam uma crença no idioma que talvez tenhamos perdido, mas que continua viva naqueles que nos antecederam, aos quais retornamos para escrevê-los. Para inscrevê-los.

Miguel Sanches Neto
Ponta Grossa, julho de 2007.

BRASIL

Fase barroca
GREGÓRIO DE MATOS (1623-1696)

O poeta descreve o que era naquele tempo a cidade da Bahia

A cada canto um grande conselheiro
que nos quer governar cabana e vinha;
não sabem governar sua cozinha,
e podem governar o mundo inteiro.

Em cada porta um bem frequente olheiro,
que a vida do vizinho e da vizinha
pesquisa, escuta, espreita e esquadrinha,
para o levar à praça e ao terreiro.

Muitos mulatos desavergonhados,
trazidos sob os pés os homens nobres,
posta nas palmas toda a picardia,

estupendas usuras nos mercados,
todos os que não furtam muito pobres:
e eis aqui a cidade da Bahia.

Fase barroca
GREGÓRIO DE MATOS (1623-1696)

A Cristo n. s. crucificado estando o poeta na última hora de sua vida

Meu Deus, que estais pendente de um madeiro
em cuja lei protesto de viver,
em cuja santa lei hei de morrer
animoso, constante, firme e inteiro:

neste lance, por ser o derradeiro,
pois vejo a minha vida anoitecer,
é, meu Jesus, a hora de se ver
a brandura de um pai, o manso Cordeiro.

Mui grande é o vosso amor e o meu delito:
porém pode ter fim todo o pecar,
e não o vosso amor, que é infinito.

Esta razão me obriga a confiar,
que, por mais que pequei, neste conflito
espero em vosso amor de me salvar.

Fase árcade
TOMÁS ANTÔNIO GONZAGA (1744-1810)

Marília de Dirceu: Soneto II

Num fértil campo de soberbo Douro,
dormindo sobre a relva descansava,
quando vi que a Fortuna me mostrava
com alegre semblante o seu Tesouro.

De uma parte, um montão de prata e ouro
com pedras de valor o chão curvava;
aqui um cetro, ali um trono estava,
pendiam coroas mil de grama e louro.

Acabou (diz-me então) *a desventura:*
De quantos bens te exponho qual te agrada,
pois benigna os concedo, vai, procura.

Escolhi, acordei, e não vi nada:
comigo assentei logo que a ventura
nunca chega a passar de ser sonhada.

Fase árcade
CLÁUDIO MANUEL DA COSTA (1729-1789)

Onde estou?

Onde estou? Este sítio desconheço:
quem fez tão diferente aquele prado?
Tudo outra natureza tem tomado;
e em contemplá-lo, tímido, esmoreço.

Uma fonte aqui houve; eu não me esqueço
de estar a ela um dia reclinado;
ali em vale um monte está mudado:
quanto pode dos anos o progresso!

Árvores aqui vi tão florescentes,
que faziam perpétua a primavera:
nem troncos vejo agora decadentes.

Eu me engano: a região esta não era;
mas que venho a estranhar, se estão presentes
meus males, com que tudo degenera!

Fase árcade
INÁCIO JOSÉ DE ALVARENGA PEIXOTO (1744-1792)

Eu a vi linda Jônia...

Eu vi a linda Jônia e, namorado,
fiz logo eterno voto de querê-la;
mas vi depois a Nise, e é tão bela
que merece igualmente o meu cuidado.

A qual escolherei, se, nesse estado,
eu não sei distinguir esta daquela?
Se Nise agora vir, morro por ela,
se Jônia vir aqui, morro abrasado.

Mas, ah! que esta me despreza, amante,
pois sabe que estou preso em outros braços,
e aquela não me quer, por inconstante.

Vem, Cupido, soltar-me destes laços:
ou faze destes dois um só semblante,
ou divide o meu peito em dois pedaços!

Fase árcade
JOSÉ BASÍLIO DA GAMA (1741-1795)

A uma senhora natural do Rio de Janeiro, onde se achava então o autor

Já, Marfiza cruel, me não maltrata
saber que usas comigo de cautelas,
que inda te espero ver por causa d'elas,
arrependida de ter sido ingrata.

Com o tempo, que tudo desbarata,
teus olhos deixarão de ser estrelas;
verás murchar no rosto as faces belas,
e as tranças de ouro converter-se em prata.

Pois se sabes que a tua formosura
por força há de sofrer da idade os danos,
por que me negas hoje esta ventura?

Guarda para seu tempo os desenganos,
gozemo-nos agora, enquanto dura,
já que dura tão pouco a flor dos anos.

Fase romântica
JOSÉ MARIA DO AMARAL (1813-1885)

Passaste como a estrela matutina...

Passaste como a estrela matutina,
que se some na luz pura da aurora;
da vida só viveste aquela hora
em que a existência em flor luz sem neblina.

Ver-te e perder-te! De tão triste sina
não passa a mágoa em mim, antes piora;
sem ver-te já, minh'alma ainda te adora
em triste culto que a saudade ensina.

Não vivo aqui; a vida em ti só ponho,
na fé, de Cristo filha, a dor abrigo,
futuro em ti no céu vejo risonho!

Neste mundo, meu mundo é teu jazigo;
dizem que a vida é triste e falaz sonho,
se é sonho a vida, sonharei contigo.

Fase romântica
GONÇALVES DIAS (1823-1864)

Pensas tu, bela Anarda, que os poetas...

Pensas tu, bela Anarda, que os poetas
vivem d'ar, de perfumes, d'ambrosia?
Que vagando por mares d'harmonia
são melhores que as próprias borboletas?

Não creias que eles sejam tão patetas,
isso é bom, muito bom mas em poesia,
são contos com que a velha o sono cria
no menino que engorda a comer petas!

Talvez mesmo que algum desses brejeiros
te diga que assim é, que os dessa gente
não são lá dos heróis mais verdadeiros.

Eu que sou pecador, — que indiferente
não me julgo ao que toca aos meus parceiros,
julgo um beijo sem fim cousa excelente.

Fase romântica
FRANCISCO OTAVIANO (1825-1889)

Morrer... Dormir...

Morrer, dormir, não mais, termina a vida,
e com ela terminam nossas dores;
um punhado de terra, algumas flores...
e depois uma lágrima fingida!

Sim, minha morte não será sentida:
não tive amigos e nem deixo amores!
E se os tive, mostraram-se traidores,
algozes vis de um'alma consumida.

Tudo é podre no mundo! Que me importa
que amanhã se esboroe ou que desabe,
se a natureza para mim 'stá morta?!

É tempo já que o meu exílio acabe...
Vem, vem, ó morte! ao nada me transporta:
morrer, dormir, talvez sonhar, quem sabe!

Fase romântica
AURELIANO LESSA (1828-1861)

Há tormentos sem nome, há desenganos

Há tormentos sem nome, há desenganos
mais negros que o horror da sepultura;
dores loucas, e cheias de amargura,
e momentos mais longos que os anos.

Não são da vida os passageiros danos
que dobram minha fronte; a desventura
eu a desdenho...A minha sorte dura
fadou-me dentro da alma outros tiranos.

As dores da alma, sim; ela somente,
algoz de si, acha um prazer cruento
em torturar-se ao jogo lentamente.

Oh! isto é que é sofrer! nenhum tormento
vale um gemido só da alma fremente,
nem séculos as dores de um momento!

Fase romântica
LUÍS GAMA (1830-1882)

Sob a copa frondosa e recurvada...

Sob a copa frondosa e recurvada
de enorme gameleira, secular,
sentado numa ufa a se embalar,
estava certa moça enamorada.

Eis que rola dos ramos inflamada
tremenda jararaca a sibilar;
fica a jovem na corda, sem parar,
como a Ninfa de amor eletrizada!

Anjo Bento! exclamaram os circunstantes;
foge a cobra de horrenda catadura,
os olhos revolvendo coruscantes.

Mas a bela moçoila com frescura
num sorriso acrescenta — é das amantes
nem das serpes temer a picadura.

Fase romântica
ÁLVARES DE AZEVEDO (1831-1852)

Pálida à luz da lâmpada sombria...

Pálida à luz da lâmpada sombria,
sobre o leito de flores reclinada,
como a lua por noite embalsamada,
entre as nuvens do amor ela dormia!

Era a virgem do mar, na escuma fria
pela maré das águas embalada!
Era um anjo entre nuvens d'alvorada
que em sonhos se banhava e se esquecia!

Era mais bela! o seio palpitando...
Negros olhos as pálpebras abrindo...
Formas nuas no leito resvalando...

Não te rias de mim, meu anjo lindo!
Por ti — as noites eu velei chorando,
por ti — nos sonhos morrerei sorrindo!

Fase romântica
JUNQUEIRA FREIRE (1832-1855)

Arda de raiva contra mim a intriga...

Arda de raiva contra mim a intriga,
morra de dor a inveja insaciável;
destile seu veneno detestável
a vil calúnia, pérfida inimiga.

Una-se todo, em traiçoeira liga,
contra mim só o mundo miserável.
Alimente por mim ódio entranhável
o coração da terra que me abriga.

Sei rir-me da vaidade dos humanos;
sei desprezar um nome não preciso;
sei insultar uns cálculos insanos.

Durmo feliz sobre o suave riso
de uns lábios de mulher gentis, ufanos;
e o mais que os homens são, desprezo e piso.

Fase romântica
TOBIAS BARRETO (1839-1889)

Ignorabimus

Quanta ilusão!... O céu mostra-se esquivo
e surdo ao brado do universo inteiro...
De dúvidas cruéis prisioneiro,
tomba por terra o pensamento altivo.

Dizem que o Cristo, o filho de Deus vivo,
a quem chamam também Deus verdadeiro,
veio o mundo remir do cativeiro,
e eu vejo o mundo ainda tão cativo!

Se os reis são sempre reis, se o povo ignavo
não deixou de provar o duro freio
da tirania, e da miséria o travo,

se é sempre o mesmo engodo e falso enleio,
se o homem chora e continua escravo,
de que foi que Jesus salvar-nos veio?...

Fase romântica
CASTRO ALVES (1847-1871)

Último fantasma

Quem és tu, quem és tu, vulto gracioso
que te elevas da noite na orvalhada?
Tens a face nas sombras mergulhada...
Sobre as névoas te libras vaporoso...

Baixas do céu num voo harmonioso!...
Quem és tu, bela e branca desposada?
Da laranjeira em flor a flor nevada
cerca-te a fronte, ó ser misterioso!...

Onde nos vimos nós? És doutra esfera?
És o ser que eu busquei do sul ao norte...
Por quem meu peito em sonhos desespera?...

Quem és tu? Quem és tu? — És minha sorte!
És talvez o ideal que est'alma espera!
És a glória talvez! Talvez a morte!...

Fase parnasiana
MACHADO DE ASSIS (1839-1908)

Soneto de Natal

Um homem, — era aquela noite amiga,
noite cristã, berço do Nazareno, —
ao relembrar os dias de pequeno,
e a viva dança, e a lépida cantiga,

quis transportar ao verso doce e ameno
as sensações da sua idade antiga,
naquela mesma velha noite amiga,
noite cristã, berço do Nazareno.

Escolheu o soneto... A folha branca
pede-lhe a inspiração; mas, frouxa e manca,
a pena não acode ao gesto seu.

E, em vão lutando contra o metro adverso,
só lhe saiu este pequeno verso:
"Mudaria o Natal ou mudei eu?"

Fase parnasiana
MACHADO DE ASSIS (1839-1908)

À Carolina

Querida, ao pé do leito derradeiro
em que descansas dessa longa vida,
aqui venho e virei, pobre querida,
trazer-te o coração do companheiro.

Pulsa-lhe aquele afeto verdadeiro
que, a despeito de toda a humana lida,
fez a nossa existência apetecida
e num recanto pôs um mundo inteiro.

Trago-te flores — restos arrancados
da terra que nos viu passar unidos
e ora mortos nos deixa e separados.

Que eu, se tenho nos olhos malferidos
pensamentos de vida formulados,
são pensamentos idos e vividos.

Fase parnasiana
LUÍS GUIMARÃES (1845-1898)

Visita à casa paterna

Como a ave que volta ao ninho antigo
depois de um longo e tenebroso inverno,
eu quis também rever o lar paterno,
o meu primeiro e virginal abrigo.

Entrei. Um gênio carinhoso e amigo,
o fantasma talvez do amor materno,
tomou-me as mãos, — olhou-me grave e terno,
e, passo a passo, caminhou comigo.

Era esta a sala... (Oh! se me lembro! e quanto!)
em que da luz noturna à claridade,
minhas irmãs e minha mãe... O pranto

jorrou-me em ondas... Resistir quem há-de?
Uma ilusão gemia em cada canto,
chorava em cada canto uma saudade.

Fase parnasiana
LUÍS DELFINO (1834-1910)

Cadáver de virgem

Estava no caixão como num leito,
palidamente fria e adormecida;
as mãos cruzadas sobre o casto peito,
e em cada olhar sem luz um sol sem vida.

Pés atados com fita em nó perfeito,
de roupas alvas de cetim vestida,
o torso duro, rígido, direito,
a face calma, lânguida, abatida...

O diadema das virgens sobre a testa,
níveo lírio entre as mãos, toda enfeitada,
mas como noiva que cansou da festa...

Por seis cavalos brancos arrancada,
onde vais tu dormir a longa sesta
na mole cama em que te vi deitada?

Fase parnasiana
CARVALHO JÚNIOR (1855-1879)

Profissão de fé

Odeio as virgens pálidas, cloróticas,
beleza de missal que o romantismo
hidrófobo apregoa em peças góticas,
escritas nuns acessos de histerismo.

Sofismas de mulher, ilusões óticas,
raquíticos abortos de lirismo,
sonhos de carne, compleições exóticas,
desfazem-se perante o realismo.

Não servem-me esses vagos ideais
da fina transparência dos cristais,
almas de santa e corpo de alfenim.

Prefiro a exuberância dos contornos,
as belezas da forma, seus adornos,
a saúde, a matéria, a vida enfim.

Fase parnasiana
ARTUR AZEVEDO (1855-1908)

Eterna dor

Já te esqueceram todos neste mundo...
Só eu, meu doce amor, só eu me lembro
daquela escura noite de setembro
em que da cova te deixei no fundo.

Desde esse dia um látego iracundo
açoitando-me está, membro por membro.
Por isso que de ti não me deslembro,
nem com outra te meço ou te confundo.

Quando, entre os brancos mausoléus, perdido,
vou chorar minha acerba desventura,
eu tenho a sensação de haver morrido!

E até, meu doce amor, se me afigura,
ao beijar o teu túmulo esquecido,
que beijo a minha própria sepultura!

Fase parnasiana
FILINTO DE ALMEIDA (1857-1945)

Cansaço

A velhice é cansaço... E esse cansaço
não nos vem de trabalho ou movimento...
O que ora faço é demorado e lento
e acho malfeito o pouco que ainda faço.

Tudo me cansa: — até o pensamento!
Já pouquíssimo ando e arrasto o passo...
Quase sempre dorminte ou sonolento,
vivo uma triste vida de madraço.

Nunca fui mandrião nem calaceiro,
nem também muito ativo, é bem que o diga,
mas domei sempre a inércia, sobranceiro.

Agora, a própria inércia me castiga,
pois se acaso repouso um dia inteiro
esse mesmo repouso me fatiga!

Fase parnasiana
ALBERTO DE OLIVEIRA (1857-1937)

A vingança da porta

Era um hábito antigo que ele tinha:
entrar dando com a porta nos batentes.
— Que te fez essa porta? — a mulher vinha
e interrogava. Ele cerrando os dentes:

— Nada! traze o jantar! — Mas à noitinha
calmava-se; feliz, os inocentes
olhos revê da filha, a cabecinha
lhe afaga, a rir, com as rudes mãos trementes.

Uma vez, ao tornar à casa, quando
erguia a aldraba, o coração lhe fala:
— Entra mais devagar... — Para, hesitando...

Nisto nos gonzos range a velha porta,
ri-se, escancara-se. E ele vê na sala,
A mulher como doida e a filha morta.

Fase parnasiana
ADELINO FONTOURA (1859-1884)

Atração e repulsa

Eu nada mais sonhava nem queria
que de ti não viesse, ou não falasse;
e como a ti te amei, que alguém te amasse
coisa incrível até me parecia.

Uma estrela mais lúcida eu não via
que nesta vida os passos me guiasse,
e tinha fé, cuidando que encontrasse,
após tanta amargura, uma alegria.

Mas tão cedo extinguiste este risonho,
este encantado e deleitoso engano,
que o bem que achar supus, já não suponho.

Vejo enfim que és como um peito desumano;
se fui té junto a ti de sonho em sonho,
voltei de desengano em desengano.

Fase parnasiana
B. LOPES (1859-1916)

Soneto

Este amor delirante, cuja fama
na cidade e no campo, em toda parte,
em vibrações de festa e a centros de arte
o clarim do meu verso alto proclama;

este amor, cuja luta em que se inflama,
tem lampejos de gládio às mãos de Marte,
torre dourada, olímpico baluarte,
é todo, apenas, de miséria e lama!

Miséria, a minha, de chorar, se acaso,
nas torturas do inferno em que me abraso,
tu não me queres a teus pés de rojo;

lama, da tua essência e do teu nada,
pelas mãos da volúpia trabalhada...
lama, que só a mim não causa nojo!

Fase parnasiana
RAIMUNDO CORREIA (1860-1911)

As pombas

Vai-se a primeira pomba despertada...
Vai-se outra mais... mais outra... enfim dezenas
de pombas vão-se dos pombais, apenas
raia, sanguínea e fresca, a madrugada...

E à tarde, quando a rígida nortada
sopra, aos pombais de novo elas, serenas,
ruflando as asas, sacudindo as penas,
voltam todas em bando e em revoada...

Também dos corações onde abotoam,
os sonhos, um por um, céleres voam,
como voam as pombas dos pombais;

No azul da adolescência as asas soltam,
fogem... Mas aos pombais as pombas voltam,
e eles aos corações não voltam mais...

Fase parnasiana
RAIMUNDO CORREIA (1860-1911)

O monge

— "O coração da infância", eu lhe dizia,
"é manso." E ele me disse: — "Essas estradas,
quando, novo Eliseu, as percorria,
as crianças lançavam-me pedradas..."

Falei-lhe então na glória e na alegria;
e ele — alvas barbas longas derramadas
no burel negro — o olhar somente erguia
às cérulas regiões ilimitadas...

Quando eu, porém, falei no amor, um riso
súbito as faces do impassível monge
iluminou... Era o vislumbre incerto,

era a luz de um crepúsculo indeciso
entre os clarões de um sol que já vai longe
e as sombras de uma noite que vem perto!...

Fase parnasiana
OLAVO BILAC (1865-1918)

Via Láctea – XIII

— "Ora (direis) ouvir estrelas! Certo
perdeste o senso!" E eu vos direi, no entanto,
que, para ouvi-las, muita vez desperto
e abro as janelas, pálido de espanto...

E conversamos toda a noite, enquanto
A Via Láctea, como um pálio aberto,
cintila. E, ao vir do sol, saudoso e em pranto,
inda as procuro pelo céu deserto.

Direis agora: "Tresloucado amigo!
Que conversas com elas? Que sentido
tem o que dizem, quando estão contigo?"

E eu vos direi: "Amai para entendê-las!
Pois só quem ama pode ter ouvido
capaz de ouvir e de entender estrelas."

Fase parnasiana
VICENTE DE CARVALHO (1866-1924)

Velho tema I

Só a leve esperança, em toda a vida,
disfarça a pena de viver, mais nada;
nem é mais a existência, resumida,
que uma grande esperança malograda.

O eterno sonho da alma desterrada,
sonho que a traz ansiosa e embevecida,
é uma hora feliz, sempre adiada
e que não chega nunca em toda a vida.

Essa felicidade que supomos,
árvore milagrosa que sonhamos
toda arreada de dourados pomos,

existe, sim: mas nós não a alcançamos
porque está sempre apenas onde a pomos
e nunca a pomos onde nós estamos.

Fase parnasiana
GUIMARÃES PASSOS (1867-1909)

Nihil

Sem aos outros mentir, vivi meus dias
desditosos por dias bons tomando,
das pessoas alegres me afastando
e rindo às outras mais do que eu sombrias.

Enganava-me assim, não me enganando;
fiz dos passados males alegrias
do meu presente e das melancolias
sempre gozos futuros fui tirando.

Sem ser amado, fui feliz amante;
imaginei-me bom, culpado sendo;
e se chorava, ria ao mesmo instante.

E tanto tempo fui assim vivendo,
de enganar-me tornei-me tão constante,
que hoje nem creio no que estou dizendo.

Fase parnasiana
JÚLIO SALUSSE (1872-1948)

Os cisnes

A vida, manso lago azul algumas
vezes, algumas vezes mar fremente,
tem sido, para nós, constantemente,
um lago azul, sem ondas, sem espumas.

Sobre ele, quando, desfazendo as brumas
matinais, rompe um sol vermelho e quente,
nós dois vagamos, indolentemente,
como dois cisnes de alvacentas plumas.

Um dia, um cisne morrerá, por certo:
quando chegar esse momento incerto,
no lago, onde talvez a água se tisne,

que o cisne vivo, cheio de saudade,
nunca mais cante, nem sozinho nade,
nem nade nunca ao lado de outro cisne!

Fase parnasiana
FRANCISCA JÚLIA (1874-1920)

Rústica

Da casinha, em que vive, o reboco alvacento
reflete o ribeirão na água clara e sonora.
Este é o ninho feliz e obscuro em que ela mora;
além, o seu quintal; este, o seu aposento.

Vem do campo, a correr; e úmida do relento,
toda ela, fresca do ar, tanto aroma evapora
que parece trazer consigo, lá de fora,
na desordem da roupa e do cabelo, o vento...

E senta-se. Compõe as roupas. Olha em torno
com seus olhos azuis onde a inocência boia;
nessa meia penumbra e nesse ambiente morno.

Pegando da costura à luz da claraboia,
põe na ponta do dedo em feitio de adorno,
o seu lindo dedal com pretensão de joia.

Fase parnasiana
EMÍLIO DE MENEZES (1866-1918)

Tarde na praia

Quando, à primeira vez, lhe vi a grandeza,
foi nos tempos da longe meninice.
E quedei-me à mudez de quem sentisse
a alma de pasmos e terrores presa.

Depois, na mocidade, a olhá-lo, disse:
é moço o mar na força e na beleza!
Mas, ao dia apagado e à noite acesa,
hoje o sinto entre as brumas da velhice.

Distanciado de escarpas e barrancos,
vejo-o a morrer-me aos pés, calmo, ao abrigo
das grandes fúrias e os hostis arrancos.

E ao contemplá-lo assim, tristonho digo,
vendo-lhe, à espuma, os meus cabelos brancos:
o velho mar envelheceu comigo!

Fase parnasiana
MARTINS FONTES (1884-1937)

Se eu fosse Deus...

Se eu fosse Deus seria a vida um sonho,
nossa existência um júbilo perene!
Nenhum pesar que o espírito envenene
empanaria a luz do céu risonho!

Não haveria mais: o adeus solene,
a vingança, a maldade, o ódio medonho,
e o maior mal, que a todos anteponho,
a sede, a fome da cobiça infrene!

Eu exterminaria a enfermidade,
todas as dores da senilidade,
e os pecados mortais seriam dez...

A criação inteira alteraria,
porém, se eu fosse Deus, te deixaria
exatamente a mesma que tu és!

Fase parnasiana
HUMBERTO DE CAMPOS (1886-1934)

Retrospecto

Vinte e seis anos, trinta amores: trinta
vezes a alma de sonhos fatigada,
e, ao fim de tudo, como ao fim de cada
amor, a alma de amor sempre faminta!

Ó mocidade que foges! brada
aos meus ouvidos teu futuro, e pinta
aos meus olhos mortais, com toda a tinta,
os remorsos da vida dissipada!

Derramo os olhos por mim mesmo... E, nesta
muda consulta ao coração cansado,
que é que vejo? que sinto? que me resta?

Nada: ao fim do caminho percorrido,
o ódio de trinta vezes ter jurado
e o horror de trinta vezes ter mentido!

Fase simbolista
CRUZ E SOUSA (1861-1898)

Acrobata da dor

Gargalha, ri, num riso de tormenta,
como um palhaço, que desengonçado,
nervoso, ri, num riso absurdo, inflado
de uma ironia e de uma dor violenta.

Da gargalhada atroz, sanguinolenta,
agita os guizos, e convulsionado
salta, gavroche, salta clown, varado
pelo estertor dessa agonia lenta...

Pedem-se bis e um bis não se despreza!
Vamos! retesa os músculos, retesa
nessas macabras piruetas d'aço...

E embora caias sobre o chão, fremente,
afogado em teu sangue estuoso e quente,
ri! Coração, tristíssimo palhaço.

Fase simbolista
CRUZ E SOUSA (1861-1898)

Triunfo supremo

Quem anda pelas lágrimas perdido,
sonâmbulo dos trágicos flagelos,
é quem deixou para sempre esquecido
o mundo e os fúteis ouropéis mais belos!

É quem ficou do mundo redimido,
expurgado dos vícios mais singelos
e disse a tudo o adeus indefinido
e desprendeu-se dos carnais anelos!

É quem entrou por todas as batalhas
as mãos e os pés e o flanco ensanguentado,
amortalhado em todas as mortalhas.

Quem florestas e mares foi rasgando
e entre raios, pedradas e metralhas,
ficou gemendo, mas ficou sonhando!

Fase simbolista
ARAÚJO FIGUEREDO (1864-1927)

Emparedado

Por planície e aspérrimas montanhas
andei errando como um beduíno,
e contei ao luar o meu destino,
velado por dragões de atras entranhas.

E a ti, ó sol, que de purezas banhas
os campos verdes, num clarão divino,
contei, também, chorando, o desatino
das minhas ânsias trágicas, estranhas.

Mas não contei ao mar as minhas ânsias,
ao largo mar perdido nas distâncias,
para não vê-lo, dessa vez, cavado.

Pois esse mar é um coração doente,
igual ao meu, e vive eternamente,
eternamente triste e emparedado.

Fase simbolista
EMILIANO PERNETA (1866-1921)

Corre mais que uma vela...

Corre mais que uma vela, mais depressa,
ainda mais depressa do que o vento,
corre como se fosse a treva espessa
do tenebroso véu do esquecimento.

Eu não sei de corrida igual a essa:
são anos e parece que é um momento;
corre, não cessa de correr, não cessa,
corre mais do que a luz e o pensamento...

É uma corrida doida essa corrida,
mais furiosa do que a própria vida,
mais veloz que as notícias infernais...

Corre mais fatalmente do que a sorte,
corre para a desgraça e para a morte...
Mas que queria que corresse mais!

Fase simbolista
NESTOR VÍTOR (1868-1932)

Morte póstuma

> *Et vraiment quand la mort viendra que reste-t-il?*
> *P. Verlaine*

Desses nós vemos: lá se vão na vida,
olhos vagos, sonâmbulos, calados;
o passo é a inconstância repetida,
e os sons que têm são como que emprestados.

— Dia de luz. — Respiração contida
para encontrá-los despreocupados,
aí vem a morte, estúpida e bandida,
rangendo em seco os dentes descarnados.

Mas embalde ela chega, embalde os chama:
ali não acha nem de longe aqueles
grandes assombros que aonde vai derrama!

E abre espantada os cavos olhos tortos:
vê que se eles têm os olhos vítreos, que eles...
Eles já estão há muito tempo mortos!

Fase simbolista
MÁRIO PEDERNEIRAS (1868-1915)

Meu casal

Fica distante da cidade e em frente
à remansosa paz de uma enseada
esta dos meus romântica morada,
que olha de cheio para o Sol nascente.

Árvores dão-lhe a sombra desejada
pela calma feição da minha gente,
e ela toda se ajusta ao tom dolente
das cantigas que o Mar lhe chora à entrada.

Lá dentro o teu olhar de calmos brilhos,
todo o meu bem e todo o meu empenho,
e a sonora alegria de meus filhos.

Outros que tenham com mais luxo o lar,
que a mim me basta, Flor, o que aqui tenho,
árvores, filhos, teu amor e o mar.

Fase simbolista
ALPHONSUS DE GUIMARAENS (1870-1921)

Hão de chorar por ela os cinamomos...

Hão de chorar por ela os cinamomos,
murchando as flores ao tombar do dia.
Dos laranjais hão de cair os pomos,
lembrando-se daquela que os colhia.

As estrelas dirão — "Ai! nada somos,
pois ela se morreu, silente e fria..."
E pondo os olhos nela como pomos,
hão de chorar a irmã que lhes sorria.

A lua, que lhe foi mãe carinhosa,
que a viu nascer e amar, há de envolvê-la
entre lírios e pétalas de rosa.

Os meus sonhos de amor serão defuntos...
E os arcanjos dirão no azul ao vê-la,
Pensando em mim: — "Por que não vieram juntos?"

Fase simbolista
ALPHONSUS DE GUIMARAENS (1870-1921)

Quando eu for bem velhinho, bem velhinho...

Quando eu for bem velhinho, bem velhinho,
— Não tarda muito, não, meus companheiros!
Vós haveis de florir de jasmineiros
a alameda final do meu caminho.

Deitem-me flores, vistam-me de linho
da cor dos sonhos meus aventureiros,
e que eu fique a rezar dias inteiros,
depois de feito o meu caixão de pinho.

Como o aroma sutil de um incensário,
minh'alma irá galgando lentamente
a impiedosa ladeira do Calvário...

Pobre ancião! chegaste enfim ao poente.
Olha o que foste, doce visionário,
e fecha os olhos como um anjo doente!

Fase simbolista
AZEVEDO CRUZ (1870-1905)

Minha senhora, o amor...

... degenerou, por fim, numa palavra falsa,
e hoje já não é mais uma alucinação;
tudo o que doura e o veste e o transfigura e o realça
da fantasia vem, nunca do coração!

É uma frase feliz no delírio da valsa,
uma chama no olhar, um aperto de mão...
Um capricho, uma flor, uma luva descalça
que alguém deixou cair e que se ergue do chão!

Disse-lhe isto e esperei. Um silêncio aflitivo,
longo e soturno como os torvos pesadelos,
pairou no espaço como um ponto sobre um i!

Dormi; quando acordei vi-me enterrado, vivo,
dentro da noite má dos seus negros cabelos,
em cuja cerração quase que me perdi!...

Fase simbolista
AUTA DE SOUZA (1876-1901)

Súplica

Se tudo foge e tudo desaparece,
se tudo cai ao vento da Desgraça,
se a vida é o sopro que nos lábios passa
gelando o ardor da derradeira prece;

se o sonho chora e geme e desfalece
dentro do coração que o amor enlaça,
se a rosa murcha inda em botão, e a graça
da moça foge quando a idade cresce;

se Deus transforma em sua lei tão pura
a dor das almas que o ideal tortura
na demência feliz de pobres loucos...

se a água do rio para o oceano corre,
se tudo cai, Senhor! por que não morre
a dor sem fim que me devora aos poucos?

Fase simbolista
SATURNINO DE MEIRELES (1878-1906)

Vida obscura

Como um lírio que nasce e que fenece
por entre as rochas de uma gruta escura,
tu foste assim do berço à sepultura
com um sorriso de anjo que adormece.

Não se ouviu de teus lábios uma prece
que deixasse do mundo uma censura.
Foste mesmo uma rosa de ternura
que por entre os espinhos estremece.

Levaste assim contigo o teu segredo,
como se fosse uma harpa não tocada
ou uma flor nascida num degredo.

Foste só uma pálida esperança,
uma saudade nunca desvendada,
um sonho muito vago de criança.

Fase simbolista
MARANHÃO SOBRINHO (1879-1915)

Vênus

Quando o seu corpo à flor das ondas veio
guirlandado de espumas e sargaços,
de tentações a vaga encheu-lhe o seio
e a sirte de traições encheu-lhe os braços.

Por todo o mar houve um supremo anseio,
quase humano, de beijos e de abraços.
O sol, de luz e de calor mais cheio,
fulgiu mais alto nos celestes paços!

Algas e espumas, sem querer, teceram,
juntas, um berço de ideal cambraia,
e o seu corpo de aurora receberam...

... Nunca o mar vira tão celeste flor!
Quando o seu corpo foi beijar a praia
a própria rocha estremeceu de amor!

Fase simbolista
DURVAL DE MORAIS (1882-1948)

Pulvis

Homem, venho do pó fecundo e miserando,
como a flor da lagoa impura e deletéria,
e pó será meu corpo airoso e leve, quando
a vida abandonar-me ao seio da Matéria!

Sou feito de poeira e feito de miséria,
e, sonhando o esplendor de régias pompas, ando
como se fosse um sol pela amplidão sidérea,
como se fosse um deus o eterno Olimpo entrando!

Alguns anos... alguém, depois do meu traspasse,
pisará... — sem pensar que pisa na poeira,
meus olhos, minhas mãos, meus lábios, minha face!...

... E à luz do sol poente, e à luz das alvoradas,
quando o vento rufar sua marcha guerreira,
minha alma feita em pó voará pelas estradas!...

Fase simbolista
JOSÉ DE ABREU ALBANO (1882-1923)

Poeta fui

Poeta fui e do áspero destino
senti bem cedo a mão pesada e dura.
Conheci mais tristeza que ventura
e sempre andei errante e peregrino.

Vivi sujeito ao doce desatino
que tanto engana mas tão pouco dura;
e ainda choro o rigor da sorte escura,
se nas dores passadas imagino.

Porém, como me agora vejo isento
dos sonhos que sonhava noite e dia,
e só com saudades me atormento;

entendo que não tive outra alegria
nem nunca outro qualquer contentamento
senão de ter cantado o que sofria.

Fase simbolista
DA COSTA E SILVA (1885-1950)

Saudade

Saudade — olhar de minha mãe rezando
e o pranto lento deslizando em fio...
Saudade! Amor da minha terra... O rio
cantigas de águas claras soluçando.

Noites de junho. O caboré com frio,
ao luar, sobre o arvoredo, piando, piando...
E à noite as folhas lívidas cantando
a saudade infeliz de um sol de estio.

Saudade — asa de dor do Pensamento!
Gemidos vãos de canaviais ao vento...
Ai! mortalhas de neve sobre a serra.

Saudade — o Parnaíba — velho monge
as barbas brancas alongando... E ao longe
o mugido dos bois da minha terra...

Fase simbolista
PEDRO KILKERRY (1885-1917)

Zero

Belo Amor, a olhar da Alma... E o Ódio é fusco!
                [E é vesga a Inveja
por que atrás da Ilusão, na vontade tem asas?
Por que, no orgulho da Obra, após o do Eu, te abrasas,
se a Morte — Ursa polar — invisível, fareja?

Homem-restos de Raça, e corres tu e atrasas
esmagado do pé de um deus, que te não veja
nem a dor que em teu peito, um grande Sol, dardeja...
Oh! Os Sonhos caem, como as pedras, como as casas...

Tudo se acabará! No futuro, espreitando,
a figura do Caos, sinistramente ansiada,
por um Como é que espera e a tragédia de um Quando...

E comido do Frio ou do Fogo comido,
o Mundo há de rolar — um Zero desmedido —
tragado pela boca espantosa do Nada!

Fase simbolista
RODRIGUES DE ABREU (1897-1927)

Crianças

Somos duas crianças! E bem poucas
no mundo há como nós: pois, minto e mentes
se te falo e me falas; e bem crentes
somos de nos magoar, abrindo as bocas...

Mas eu bem sinto, em teu olhar, as loucas
afeições, que me tens e também sentes,
em meu olhar, as proporções ingentes
do meu amor, que, em teu falar, há poucas!

Praza aos céus que isto sempre assim perdure:
que a voz engane no que o olhar revela;
que jures não amar, que eu também jure...

Mas que sempre, ao fitarmo-nos, ó bela,
penses: "Como ele mente" — e que eu murmure:
"quanta mentira têm os lábios dela!"

Fase pré-modernista
AUGUSTO DOS ANJOS (1884-1914)

Idealismo

Falas de amor, e eu ouço tudo e calo!
O amor na Humanidade é uma mentira.
É. E é por isto que na minha lira
de amores fúteis poucas vezes falo.

O amor! Quando virei por fim a amá-lo?!
Quando, se o amor que a Humanidade inspira
é o amor do sibarita e da hetaíra,
de Messalina e de Sardanapalo?!

Pois é mister que, para o amor sagrado,
o mundo fique imaterializado
— alavanca desviada do seu fulcro —

e haja só amizade verdadeira
duma caveira para outra caveira,
do meu sepulcro para o teu sepulcro?!

Fase pré-modernista
AUGUSTO DOS ANJOS (1884-1914)

Vozes da morte

Agora, sim! Vamos morrer, reunidos,
tamarindo de minha desventura,
tu, com o envelhecimento da nervura,
eu, com o envelhecimento dos tecidos!

Ah! Esta noite é a noite dos Vencidos!
E a podridão, meu velho! E essa futura
ultrafatalidade de ossatura,
a que nos acharemos reduzidos!

Não morrerão, porém, tuas sementes!
E assim, para o Futuro, em diferentes
florestas, vales, selvas, glebas, trilhos,

na multiplicidade dos teus ramos,
pelo muito que em vida nos amamos,
depois da morte, inda teremos filhos!

Fase pré-modernista
AMADEU AMARAL (1875-1929)

Minha alma é uma casa abandonada

Minha alma é uma casa abandonada,
por cujos tenebrosos corredores
volteia a ronda volatizada
dos espectros de mortos moradores.

Um dia a esta mansão mal-assombrada,
afugentando a treva e seus horrores,
entraste, — alegre aparição alada, —
num explodir de claridade e olores;

mas de pronto fugiste, e hoje, silente,
esconde a velha casa à luz do dia
as mesmas sombras, que volteiam juntas...

Ah! terei de guardar eternamente
na solidão desta alma escura e fria
estas saudades de ilusões defuntas!

Fase pré-modernista
HERMES FONTES (1888-1930)

Aspiração

Eu quis amar, pelo prazer sereno
de amar, sem a ambição de ser amado:
sacrificar-me, como o Nazareno
— rolar do alto de um grande apostolado.

Quis dar meu sangue virgem, por ameno
bálsamo ao lazarento e ao deserdado...
Mas vi que é só mentira e é só veneno
tudo o que, um dia, me haja emocionado!

E vejo que a alma apenas é; na vida,
a inteligência efêmera, intermédia
entre a carne que pede e a que é pedida!

E — alma que sou, por último castigo —
fujo ao Mundo, e definho, na tragédia
de me isolar, sem ser feliz comigo!...

Fase pré-modernista
RAUL DE LEONI (1895-1926)

História antiga

No meu grande otimismo de inocente,
eu nunca soube por que foi... um dia,
ela me olhou indiferentemente,
perguntei-lhe por que era... Não sabia...

Desde então, transformou-se, de repente,
a nossa intimidade correntia
em saudações de simples cortesia
e a vida foi andando para frente...

Nunca mais nos falamos... vai distante...
Mas, quando a vejo, há sempre um vago instante
em que seu mudo olhar no meu repousa,

e eu sinto, sem no entanto compreendê-la,
que ela tenta dizer-me qualquer cousa,
mas que é tarde demais para dizê-la...

PORTUGAL

Fase clássica
SÁ DE MIRANDA (1481-1558)

O sol é grande, caem coa calma as aves

O sol é grande, caem coa calma as aves,
do tempo em tal sazão, que sói ser fria;
esta água que d'alto cai acordar-m'-ia
do sono não, mas de cuidados graves.

Ó cousas, todas vãs, todas mudaves,
qual é tal coração qu'em vós confia?
Passam os tempos vai dia trás dia,
incertos muito mais que ao vento as naves.

Eu vira já aqui sombras, vira flores,
vi tantas águas, vi tanta verdura,
as aves todas cantavam d'amores.

Tudo é seco e mudo; e, de mestura,
também mudando-m'eu fiz doutras cores:
e tudo o mais renova, isto é sem cura!

Fase clássica
LUÍS DE CAMÕES (1524-1580)

Tanto de meu estado me acho incerto...

Tanto de meu estado me acho incerto,
que em vivo ardor tremendo estou de frio;
sem causa, juntamente choro e rio,
o mundo todo abarco e nada aperto.

É tudo quanto sinto um desconcerto;
da alma um fogo me sai, da vista um rio;
agora espero, agora desconfio,
agora desvario, agora acerto.

Estando em terra, chego ao céu voando,
numa hora acho mil anos, e é de jeito
que em mil anos não posso achar uma hora.

Se me pergunta alguém porque assim ando,
respondo que não sei; porém suspeito
que só porque vos vi, minha Senhora.

Fase clássica
LUÍS DE CAMÕES (1524-1580)

Sete anos de pastor Jacob servia...

Sete anos de pastor Jacob servia
Labão, pai de Raquel, serrana bela;
mas não servia ao pai, servia a ela,
e a ela só por prémio pretendia.

Os dias, na esperança de um só dia,
passava, contentando-se com vê-la;
porém o pai, usando de cautela,
em lugar de Raquel lhe dava Lia.

Vendo o triste pastor que com enganos
lhe fora assim negada a sua pastora,
como se a não tivera merecida,

começa de servir outros sete anos,
dizendo: — Mais servira, se não fora
para tão longo amor tão curta a vida!

Fase clássica
ANTÔNIO FERREIRA (1528-1569)

Aquela, cujo nome a meus escritos...

Aquela, cujo nome a meus escritos
que a meu amor dará melhor ventura,
toda a virtude, toda a formosura,
qu'após si leva os olhos, e os espíritos,

aquela, branda em tudo, só aos gritos
meus surda, ásperas aos rogos, a Amor dura,
podia com sorriso, u'a brandura
d'olhos curar meu mal, ornar meus ditos.

Mas que dará de si u'a estéril veia?
Um desprezado amor? u'a cruel chama?
Senão desconcerto e triste pranto?

Quem de tristezas vive, só me leia:
cante a quem inspire Amor mais doce canto,
busco piedade só, não glória, ou fama.

Fase clássica
PERO DE ANDRADE CAMINHA (152?-1589)

Quanto cuido, senhora, quanto escrevo...

Quanto cuido, senhora, quanto escrevo,
tudo em vossos fermosos olhos leio,
neles, ante quem tudo é escuro e feio,
aprendo e vejo como amar-vos devo.

Vejo que ao vosso amor todo me devo,
mas não vos sei amar, e assi me enleio
que não sei se vos amo ou se o receio,
e a julgar em mim isto não me atrevo.

Em vós cuido, em vós falo o dia e ora,
mouro por ver-vos, ir-vos ver não ouso,
por não ver quanto mais devo do que amo;

ó sol e ó sombra o vosso nome chamo,
fora destes cuidados não repouso;
se isto é amor, vós o julgai, senhora!

Fase clássica
DIOGO BERNARDES (1530-1605)

As plantas rindo estão...

As plantas rindo estão, estão vestidas
de verde variado de mil cores;
cantam tarde e manhã os seus amores
as aves, que d'Amor andam vencidas.

As neves, já nos montes derretidas,
regam nos baixos vales novas flores;
alegram as cantigas dos pastores
as Ninfas pelos bosques escondidas.

O tempo, que nas cousas pode tanto,
a graça, que por ele a terra perde,
lhe torna com mais graça e fermosura.

Só pera mim nem flor nem erva verde,
nem água clara tem, nem doce canto,
que tudo falta a quem falta ventura.

Fase clássica
FERNÃO ÁLVARES DO ORIENTE (1540-1599)

Gastando se me vai de lanço a lanço...

Gastando se me vai de lanço a lanço
a vida, que a mor pressa vai correndo.
O tempo em variedades mil despendo
té que à vida m'outorgue o Céu remanso.

Trabalho, quanto posso, mas alcanço
o contrário daquilo, que pretendo:
qu'então me foi descanso falecendo,
quando cuidei, que tinha mais descanso.

Vendo-me pois assim tão peregrina,
metida no sertão destes enleios
incerta entrego as rédeas à ventura.

Qu'outro cuidado, que alma ao Céu m'inclina,
de novo me propõe por vários meios
a quanto se dispõe, quem se aventura.

Fase clássica
FRANCISCO RODRIGUES LOBO (1579-1621)

Fermoso tejo meu, quão diferente...

Fermoso Tejo meu, quão diferente
te vejo e vi, me vês agora e viste:
turvo te vejo a ti, tu a mim triste,
claro te vi eu já, tu a mim contente.

A ti foi-te trocando a grossa enchente
a quem teu largo campo não resiste:
a mim trocou-me a vista em que consiste
o meu viver contente ou descontente.

Já que somos no mal participantes,
sejamo-lo no bem. Oh, quem me dera
que fôramos em tudo semelhantes!

Mas lá virá a fresca Primavera:
tu tornarás a ser quem eras dantes,
eu não sei se serei quem dantes era.

Fase barroca
D. TOMÁS DE NORONHA (? – 1651)

A uns noivos que se foram receber, levando ele os vestidos emprestados, e indo ela muito doente e chagada

Saiu a noiva muito bem trajada,
saiu o noivo muito bem trajado,
o noivo em tudo muito conchegado,
a noiva em tudo muito conchagada.

Ela uma anágoa muito bem bordada,
ele um capote muito bem bordado;
do mais do noivo tudo de emprestado,
do mais da noiva tudo de emprastrada.

Folgamos todos os amigos seus
de ver o noivo assim com tanto brio,
de ver a noiva assim com tantos brios.

Disse-lhe o cura então: — Confia em Deus.
E respondeu o noivo: — E eu confio.
E respondeu a noiva: — E eu com fios.

Fase barroca
VIOLANTE DO CÉU (1602-1693)

Vida que não acaba de acabar-se...

Vida que não acaba de acabar-se,
chegando já de vós a despedir-se,
ou deixa por sentida de sentir-se,
ou pode de imortal acreditar-se.

Vida que já não chega a terminar-se,
pois chega já de vós a dividir-se,
ou procura vivendo consumir-se,
ou pretende matando eternizar-se.

O certo é, Senhor, que não fenece,
antes no que padece se reporta,
por que não se limite o que padece.

Mas, viver entre lágrimas, que importa?
Se vida que entre ausências permanece
é só vida ao pesar, ao gosto morta?

Fase barroca
D. FRANCISCO MANUEL DE MELO (1608-1666)

Contra as fadigas do desejo

E quem me compusera do desejo,
que grande bem, que grande paz me dera!
Ou, por força, com ele hoje fizera,
que me não vira, em quanto assi me vejo!

O que eu reprovo, elege; e o que eu elejo,
ele o reprova, como se tivera
sortes a seu mandar, em que escolhera,
contra as quais só por ele em vão pelejo.

Anda a voar do árduo ao impossível:
e para me perder de muitos modos,
finge que a honra é certa no perigo.

Pois se nunca pretende o que é possível,
como posso esperar ter paz com todos,
quando não posso nem ter paz comigo?!

Fase barroca
ANTÔNIO BARBOSA BACELAR (1610-1663)

A uma despedida

Agora, que o silêncio nos convida.
Discursemos um pouco, ó pensamento;
demos um desafogo ao sofrimento,
pois lhe demos a pena sem medida.

Enfim, chegou aquela despedida
em que, perdido meu contentamento,
o mais que me ficou foi meu tormento,
o menos que deixei foi toda a vida.

Para que era ficar-me na memória
as lembranças de um bem tão malogrado?
Falta-me o bem, faltaram-me as lembranças.

Se verei outra vez tão doce glória?
Mas ó suave engano, ó vão cuidado!
Inda eu cuido outra vez em esperanças!

Fase barroca
ANTÔNIO DA FONSECA SOARES (1631-1682)

À vaidade do mundo

É a vaidade, Fábio, desta vida
rosa que na manhã lisonjeada
púrpuras mil com ambição coroada
airosa rompe, arrasta presumida;

É planta que de Abril favorecida
por mares de soberba desatada,
florida galera empavezada,
sulca ufana, navega destemida;

É nau, enfim, que em breve ligeireza,
com presunção de fênix generosa,
galhardias apresta, alentos preza.

Mas ser planta, rosa e nau vistosa
de que importa, se aguarda sem defesa
penha a nau, ferro a planta, tarde a rosa?

Fase barroca
FRANCISCO DE VASCONCELOS (1665-1723)

A um rouxinol cantando

Ramalhete animado, flor do vento,
que alegremente teus ciúmes choras
tu, cantando teu mal, teu mal melhoras,
eu, chorando meu mal, meu mal aumento.

Eu digo minha dor ao sofrimento
tu cantas teu pesar a quem namoras,
tu esperas o bem todas as horas,
eu tenho qualquer mal tudo o momento.

Ambos agora estamos padecendo
por decreto cruel do deus mínimo;
mas eu padeço mais só porque entendo.

Que é tão duro e cruel o meu destino
que tu choras o mal que estás sofrendo,
eu choro o mal que sofro e que imagino.

Fase barroca
FRANCISCO DE PINA E MELO (1695-1773)

Maior tormento do alívio

Pela sombra de um bosque se metia,
seguindo o giro de um inculto atalho;
Fido, um triste pastor, sem que agasalho
tenha no desamparo, em que se via.

Cada vez mais turbado discorria,
vendo sem esperança seu trabalho,
cuja história no tronco de um carvalho,
por ser o último bem, deixar queria.

Já no tosco papel as letras grava
a vacilante mão, quando arrebenta
o pranto, com que a árvore regava.

Com as águas a planta mais se aumenta;
e juntamente a dor, que aliviava
no mesmo desafogo se acrescenta.

Fase neoclássica
CORREIA GARÇÃO (1724-1772)

Marília, alva lua

Três vezes vi, Marília, de alva lua
cheio de luz o rosto prateado,
sem que dourasse o campo matizado
a linda aurora da presença tua.

Então subindo a serra calva e nua,
de um íngreme rochedo pendurado,
os olhos alongando pelo prado,
chamava-a, mas em vão, a morte crua.

Ali, comigo vinham ter pastores,
que meus suspiros férvidos ouviam,
cortados do alarido dos clamores.

Tanto que a causa do meu mal sabiam,
julgando sem remédio minhas dores,
por não poder me consolar, fugiam.

Fase neoclássica
CRUZ E SILVA (1731-1799)

De tiranas lembranças combatido...

De tiranas lembranças combatido
a vida vou passando; e tal estado
a lembrança me tem do bem passado,
que antes quisera nunca haver nascido.

O coração em partes dividido
corre do peito aos olhos apressado;
e por mais que o suspenda violentado,
sai em lágrimas todo convertido.

Oh se a morte, vibrando cruelmente
a curva foice, me roubasse o alento!
Ou ao menos, se o Fado o não consente,

de todo me faltara o entendimento!
Pois se a razão perdesse, juntamente
com ela perderia o sentimento.

Fase neoclássica
DOMINGOS DOS REIS QUINTA (1728-1770)

Ao longo de uma praia um triste dia...

Ao longo de uma praia um triste dia,
já quando a luz do Sol se desmaiava,
o saudoso Alcino caminhava
com seus cuidados só por companhia.

Os olhos pelas águas estendia,
porque alívio a seu mal nelas buscava,
e entre os tristes suspiros que exalava,
em lágrimas banhado assim dizia:

Os suspiros, as lágrimas que choro,
levai, ondas, levai, ligeiro vento,
para onde me levastes quem adoro.

Oh se podeis ter dó do meu tormento,
que me torneis o bem, só vos imploro,
que pusestes em longo apartamento.

Fase neoclássica
FILINTO ELÍSIO (1734-1819)

A uma senhora a quem o autor chamava mãe

Comigo minha Mãe brincando um dia
a namorar c'os olhos me ensinava,
mas Amor que em seus olhos me esperava
com mil brilhantes farpas me feria.

De quando em quando mais formosa ria
porque incapaz do ensino me julgava.
Porém tanto a lição me aproveitava
que suspirar por ela já sabia.

Em poucas horas aprendi a amá-la.
Ditoso se tal arte não soubera:
não me custara a vida não lográ-la.

Certo que aprender menos melhor era
pois não soubera agora desejá-la
nem de tão louco amor enlouquecê-la.

Fase neoclássica
JOÃO XAVIER DE MATOS (1730/35-1789)

Pôs-se o sol...

Pôs-se o sol... Como já na sombra feia,
do dia pouco a pouco a luz desmaia!
E a parda mão da Noite, antes que caia,
de grossas nuvens todo o ar semeia!

Apenas já diviso a minha Aldeia;
já do cipreste não distingo a faia:
tudo em silêncio está. Só lá na praia
se ouvem quebrar as ondas pela areia...

Com a mão na face, a vista ao Céu levanto;
e cheio de mortal melancolia,
nos tristes olhos mal sustenho o pranto;

e se ainda algum alívio ter podia,
era ver esta Noite durar tanto,
que nunca mais amanhecesse o dia!

Fase neoclássica
NICOLAU TOLENTINO DE ALMEIDA (1741-1811)

Vai, mísero cavalo...

Vai, mísero cavalo lazarento,
pastar longas campinas livremente;
não percas tempo, enquanto to consente
de magros cães faminto ajuntamento.

Esta sela, teu único ornamento,
para sinal da minha dor veemente,
de torto prego ficará pendente,
despojo inútil do inconstante vento.

Morre em paz, que, em havendo algum dinheiro,
hei-de mandar, em honra de teu nome,
abrir em negra pedra este letreiro:

"Aqui piedoso entulho os ossos come
do mais fiel, mais rápido sendeiro,
que fora eterno, a não morrer de fome."

Fase neoclássica
MARQUESA DE ALORNA (1750-1839)

Retratar a tristeza...

Retratar a tristeza em vão procura
quem na vida um só pesar não sente,
porque sempre vestígios de contente
hão de apar'cer por baixo da pintura:

Porém eu, infeliz, que a desventura
o mínimo prazer me não consente,
em dizendo o que sinto, a mim somente
parece que compete esta figura.

Sinto o bárbaro efeito das mudanças,
dos pesares o mais cruel pesar,
sinto do que perdi tristes lembranças;

condenam-me a chorar e a não chorar,
sinto a perda total das esperanças,
e sinto-me morrer sem acabar.

Fase neoclássica
MANUEL MARIA DU BOCAGE (1765-1805)

Proposição das rimas do poeta

Incultas produções da mocidade
exponho a vossos olhos, ó leitores:
vede-as com mágoa, vede-as com piedade,
que elas buscam piedade, e não louvores:

Ponderai da Fortuna a variedade
nos meus suspiros, lágrimas e amores;
notai dos males seus a imensidade,
a curta duração de seus favores:

e se entre versos mil de sentimento
encontrardes alguns cuja aparência
indique festival contentamento,

crede, ó mortais, que foram com violência
escritos pela mão do Fingimento,
cantados pela voz da Dependência.

Fase neoclássica
MANUEL MARIA DU BOCAGE (1765-1805)

Achando-se avassalado pela formosura de Jônia

Enquanto o sábio arreiga o pensamento
nos fenômenos teus, oh Natureza,
ou solta árduo problema, ou sobre a mesa
volve o sutil geométrico instrumento:

enquanto, alçando a mais o entendimento,
estuda os vastos céus, e com certeza
reconhece dos astros a grandeza,
a distância, o lugar, o movimento:

enquanto o sábio, enfim, mais sabiamente
se remonta nas asas do sentido
à corte do Senhor onipotente:

eu louco, eu cego, eu mísero, eu perdido
de ti só trago cheia, ó Jônia, a mente;
do mais, e de mim mesmo ando esquecido.

Fase romântica
JOÃO DE DEUS (1830-1896)

Ventura

O sol na marcha luminosa voa
lançando à terra majestoso olhar;
passa cantando quem o ar povoa,
e a praia abraça venturoso mar.

No bosque o vento doce canto entoa,
ouvem-se em coro as multidões cantar:
que a um só triste o coração lhe doa,
que eu seja o único a sofrer, penar!

Por ti, saudade... de quem vai tão perto
e a quem dos olhos e das mãos perdi
neste tão ermo, lúgubre deserto!

Por ti, ventura... que uma vez senti;
por ti que às vezes a meu peito aperto
e... o peito sem te ver a ti!

Fase realista
JOÃO PENHA (1838-1919)

Lamúrias

"Que pena! Tenho o corpo tão bonito,
e nenhum amoroso me procura!
e, quem sabe? talvez à sepultura
eu me vá, de capela e de palmito!

"Em tempos, um rapaz muito esquisito,
inda imberbe mas lindo de figura,
passava, mas fugiu! Que desventura:
era da raça dos Josés do Egipto!

"E os dias vão passando, sem que veja
a mais ligeira mutação de cena!
por sobre mim uma ave negra adeja!

"De corpo tão bonito, alta e morena
à própria Vênus causaria inveja,
e assim tão bela... durmo só! Que pena!"

Fase realista
ANTERO DE QUENTAL (1842-1891)

Uma amiga

Aqueles que eu amei, não sei que vento
os dispersou no mundo, que os não vejo...
Estendo os braços e nas trevas beijo
visões que a noite evoca o sentimento...

Outros me causam mais cruel tormento
que a saudade dos mortos... que eu invejo...
Passam por mim... mas como que tem pejo
da minha soledade e abatimento!

Daquela primavera venturosa
não resta uma flor só, uma só rosa...
Tudo o vento varreu, queimou o gelo!

Tu só foste fiel — tu, como dantes,
inda volves teus olhos radiantes...
Para ver o meu mal... e escarnecê-lo!

Fase realista
GUERRA JUNQUEIRO (1850-1923)

Parasitas

No meio duma feira, uns poucos palhaços
andavam a mostrar, em cima dum jumento,
um aborto infeliz, sem mãos, sem pés, sem braços,
aborto que lhes dava um grande rendimento.

Os magros histriões, hipócritas, devassos,
exploravam assim a flor do sentimento,
e o monstro arregalava os grandes olhos baços,
uns olhos sem calor e sem entendimento.

E toda a gente deu esmola aos tais ciganos:
deram esmolas até mendigos quase nus.
E eu, ao ver esse quadro, apóstolos romanos,

eu lembrei-me de vós, funâmbulos da cruz,
que andais pelo universo, há mil e tantos anos,
exibindo, explorando o corpo de Jesus.

Fase realista
CESÁRIO VERDE (1855-1886)

Heroísmos

Eu temo muito o mar, o mar enorme,
solene, enraivecido, turbulento,
erguido em vagalhões, rugindo ao vento;
o mar sublime, o mar que nunca dorme.

Eu temo o largo mar rebelde, informe,
de vítimas famélico, sedento,
e creio ouvir em cada seu lamento
os ruídos dum túmulo disforme.

Contudo, num barquinho transparente,
no seu dorso feroz vou blasonar,
tufada a vela e n'água quase assente,

e ouvindo muito ao perto o seu bramar,
eu rindo, sem cuidados, simplesmente,
escarro, com desdém, no grande mar!

Fase realista
ANTÔNIO FEIJÓ (1860-1917)

Pálida e loura...

Morreu. Deitada no caixão estreito,
pálida e loura, muito loura e fria,
o seu lábio tristíssimo sorria
como num sonho virginal...

Lírio que murcha ao despontar do dia,
foi descansar no derradeiro leito,
as mãos de neve erguidas sobre o peito,
pálida e loura, muito loura e fria...

Tinha a cor da rainha das baladas
e das monjas antigas maceradas,
no pequenino esquife em que dormia...

Levou-a a morte em sua garra adunca!
E eu nunca mais pude esquecê-la, nunca!
Pálida e loura, muito loura e fria...

Fase simbolista
EUGÊNIO DE CASTRO (1869-1944)

Ao cair da noite

Numa das margens do saudoso rio,
contemplo a outra que sorri defronte:
lá, sob o Sol, que baixa do horizonte,
verdes belezas, enlevado, espio.

— Ali (digo eu), será menos sombrio
o viver que me põe rugas na fronte...
E erguendo-me, atravesso então a ponte,
com meu bordão, cheio de fome e frio.

Chego. Desilusão! Da margem verde
eis que o encanto, de súbito, se perde:
bem mais bela era a margem que eu deixei!

Quero voltar atrás. Noite fechada!
E a ponte, pelas águas destroçadas,
por mais que a procurasse, não a achei!

Fase simbolista
ANTÔNIO NOBRE (1867-1900)

Ó virgens que passais...

Ó Virgens que passais, ao Sol-poente,
pelas estradas ermas, a cantar!
Eu quero ouvir uma canção ardente,
que me transporte ao meu perdido Lar.

Cantai-me, nessa voz onipotente,
o sol que tomba, aureolando o Mar,
a fartura da seara reluzente,
o vinho, a Graça, a formosura, o luar!

Cantai! cantai as límpidas cantigas!
Das ruínas de meu Lar desenterrai
todas aquelas ilusões antigas

que eu vi morrer num sonho, como um ai.
Ó suaves e frescas raparigas,
adormecei-me nessa voz... cantai!

Fase simbolista
CAMILO PESSANHA (1867-1926)

Caminho II

Encontraste-me um dia no caminho
em procura de quê, nem eu o sei.
— Bom dia, companheiro, te saudei,
que a jornada é maior indo sozinho.

É longe, é muito longe, há muito espinho!
Paraste a repousar, eu descansei...
Na venda em que poisaste, onde poisei,
bebemos cada um do mesmo vinho.

É no monte escabroso, solitário.
Corta os pés como a rocha d'um calvário,
E queima como a areia!... Foi no entanto

que choramos a dor de cada um...
E o vinho em que choraste era comum:
tivemos que beber do mesmo pranto.

Fase simbolista
CAMILO PESSANHA (1867-1926)

Quem poluiu, quem rasgou os meus lençóis de linho...

Quem poluiu, quem rasgou os meus lençóis de linho,
onde esperei morrer, — meus tão castos lençóis?
Do meu jardim exíguo os altos girassóis
quem foi que os arrancou e lançou no caminho?

Quem quebrou (que furor cruel e simiesco!)
a mesa de eu cear, — tábua tosca de pinho?
E me espalhou a lenha? E me entornou o vinho?
— Da minha vinha o vinho acidulado e fresco...

Ó minha pobre mãe!... Não te ergas mais da cova.
Olha a noite, olha o vento. Em ruína a casa nova...
Dos meus ossos o lume a extinguir-se breve.

Não venhas mais ao lar. Não vagabundes mais,
Alma da minha mãe... Não andes mais à neve,
De noite a mendigar às portas dos casais.

Fase simbolista
AFONSO LOPES VIEIRA (1878-1946)

Para quê?

Como quem para ao fim duma jornada,
extenuado, exangue, e foi deixando
o seu sangue no pó da imensa estrada
por onde vinha, há muito, caminhando...

E sua vista, de chorar quebrada,
ao caminho que andou e vai botando,
e reconhece enfim que andou pra nada
e para nada foi que andou penando...

Assim eu, que gastei o sentimento,
pus nua a alma e escrevi com sangue
o que em meus olhos a tua alma lê,

pergunto ao fim do áspero tormento:
— Alma que vais perdida e vais exangue,
pra que chorastes e andastes... para quê?

Fase simbolista
ANTÔNIO SARDINHA (1888-1925)

Soneto de Ávila

Sobre as ventanas do seu velho Paço
o senhor bispo mandou pôr cortinas.
Não é para rir que este louvor lhe faço,
porque, em verdade, não as há mais finas!

No casarão adormecido e baço
sorriem-se as ligeiras musselinas.
Oh, quem me dera a mim deitar o laço
a essas pombas brancas, pequeninas!

Namoro-as da muralha longamente,
cuidando ver o teu perfil ausente,
— cuidando ver-te o melodioso traço!

E não me esqueço nunca das cortinas
que o senhor bispo mandou pôr, tão finas,
sobre as ventanas do seu velho Paço.

Fase simbolista
FLORBELA ESPANCA (1894-1930)

Eu

Eu sou a que no mundo anda perdida,
eu sou a que na vida não tem norte,
sou a irmã do Sonho, e desta sorte
sou a crucificada... a dolorida...

Sombra de névoa tênue e esvaecida,
e que o destino amargo, triste e forte,
impele brutalmente para a morte!
Alma de luto sempre incompreendida!...

Sou aquela que passa e ninguém vê...
Sou a que chamam triste sem o ser...
Sou a que chora sem saber por quê...

Sou talvez a visão que Alguém sonhou,
Alguém que veio ao mundo pra me ver
e que nunca na vida me encontrou!

Fase simbolista
FLORBELA ESPANCA (1894-1930)

A minha piedade

Tenho pena de tudo quanto lida
neste mundo, de tudo quanto sente,
daquele a quem mentiram, de quem mente,
dos que andam pés descalço pela vida;

Da rocha altiva, sob o monte erguida,
olhando os Céus ignotos frente a frente;
dos que não são iguais à outra gente,
e dos que se ensanguentam na subida!

Tenho pena de mim... pena de ti...
De não beijar o riso duma estrela...
Pena dessa má hora em que nasci...

De não ter asas para ir ver o Céu...
De não ter Esta... a Outra... e mais Aquela...
De ter vivido, e não ter sido Eu...

Fase moderna
MÁRIO DE SÁ-CARNEIRO (1890-1916)

Último soneto

Que rosas fugitivas foste ali:
requeriam-te os tapetes — e vieste...
— Se me dói hoje o bem que me fizeste,
é justo, porque muito te devi.

Em que seda de afagos me envolvi
quando entraste, nas tardes que apareceste —
como fui de percal quando me deste
tua boca a beijar, que remordi...

Pensei que fosse o meu o teu cansaço —
que seria entre nós um longo abraço
o tédio que, tão esbelta, te curvava...

E fugiste... Que importa? Se deixaste
a lembrança violeta que animaste,
onde a minha saudade a Cor se trava?...

Fase moderna
MARTA DE MESQUITA DA CÂMARA (1894-1980)

A maior mágoa

Cá dentro da minh'alma de mulher,
alma feita de sonho e de incerteza,
sedenta de afeição e de beleza,
quantas coisas sonhei p'ra te dizer!...

Quantas coisas sonhei p'ra te escrever!...
Jamais mulher alguma, com certeza,
cantou com tanto amor, tanta tristeza,
o bem que desejou sem nunca o ter!...

Porque a chaga mais viva, que mais dói,
não é saudade do que a vida foi...
Ninguém nos rouba um doce bem vivido.

A mágoa do que foi é suportável;
é bem mais funda a mágoa irreparável
daquilo que pudera, enfim ter sido!...

Fase moderna
ANTÔNIO ALVES MARTINS (1894-1929)

A agulha

Houve um tempo em que mandava
nas cartas que me escrevia,
uma linha em companhia
da agulha com que bordava!

Com minhas mãos a enfiava;
enfiada, então, partia...
À obra que ela fazia,
assim, de longe, ajudava!

Pobre agulha! Nas mãos d'ela,
fazia a renda mais bela,
de maior habilidade!

E a caminho, cheia de ânsia,
sobre o cetim da distância
bordava a nossa saudade!

Fase moderna
FERNANDO PESSOA (1888-1935)

Passos da cruz – XIII

Emissário de um rei desconhecido,
eu cumpro informes instruções de além,
E as bruscas frases que aos meus lábios vêm
Soam-me a um outro e anômalo sentido...

Inconscientemente me divido
entre mim e a missão que o meu ser tem,
e a glória do meu Rei dá-me desdém
por este humano povo entre quem lido...

Não sei se existe o Rei que me mandou.
Minha missão será eu a esquecer,
Meu orgulho o deserto em que em mim estou...

Mas há! eu sinto-me altas tradições
de antes de tempo e espaço e vida e ser...
Já viram Deus as minhas sensações...

Fase moderna
FERNANDO PESSOA (1888-1935)

Olha, Daisy, quando eu morrer tu hás-de...

Olha, Daisy, quando eu morrer tu hás-de
dizer aos meus amigos aí de Londres,
que, embora não o sintas, tu escondes
a grande dor da minha morte. Irás de

Londres pra York, onde nasceste (dizes —
que eu nada que tu digas acredito),
contar àquele pobre rapazito
que me deu tantas horas tão felizes

(embora não o saibas) que morri.
Mesmo ele, a quem eu tanto julguei amar,
nada se importará... Depois vai dar

a notícia a essa estranha Cecily
que acreditava que eu seria grande...
Raios partam a vida e quem lá ande!...

BIBLIOGRAFIA

AMORA. Antônio Soares. *Presença da literatura portuguesa: era clássica* – 6ª edição. Rio de Janeiro: Bertrand Brasil, s/d.

_____. *Presença da literatura portuguesa: o simbolismo*. São Paulo: Difel, 1969.

ANJOS, Augusto dos. *Eu e outras poesias* – 43ª edição. Rio de Janeiro: Bertrand Brasil, 2001.

AZEVEDO, Sânzio de. *Roteiro da poesia brasileira: parnasianismo*. São Paulo: Global, 2006.

BANDEIRA, Manuel. *Antologia dos poetas brasileiros: poesia da fase parnasiana*. Rio de Janeiro: Nova Fronteira, 1996.

BANDEIRA, Manuel. *Antologia dos poetas brasileiros: poesia da fase romântica*. Rio de Janeiro: Nova Fronteira, 1996.

BANDEIRA, Manuel. *Antologia dos poetas brasileiros: poesia da fase simbolista*. Rio de Janeiro: Nova Fronteira, 1996.

BOCAGE. *Poemas* (seleção e organização: José Lino Grünewald). Rio de Janeiro: Nova Fronteira, 1987.

CAMÕES, Luís Vaz de. *Lírica*. São Paulo: Cultrix, 1997.

CORREIA, Raimundo. *Poesias*. Rio de Janeiro: Ediouro, 1998.

CRUZ E SOUSA, João da. *Poesia completa*. Florianópolis: FCC edições, 1993.

DELFINO, Luiz. *Poesia completa: sonetos* (org. Lauro Junkes). Florianópolis: Academia Catarinense de Letras, 2001.

DIAS, Gonçalves. *Poesia e prosa completas*. Rio de Janeiro: Nova Aguilar, 1998.

ESPANCA, Florbela. *Melhores poemas de Florbela Espanca* (seleção Zina C. Bellodi). São Paulo: Global, 2005.

FARACO, Sérgio (org.). *Livro de sonetos*. Porto Alegre: L&PM Pocket, 1997.

GAMA, Luiz. *Primeiras trovas burlescas*. São Paulo: Martins Fontes, 2000.

GONZAGA, Tomás Antônio. *Marília de Dirceu* – edição do bicentenário. Belo Horizonte: Vila Rica, 1992.

GUIMARAENS, Alphonsus de. *Os melhores poemas de Alphonsus de Guimaraens* (seleção de Alphonsus de Guimaraens Filho). – 3ª edição. São Paulo: Global, 1997.

LEONI, Raul de. *Luz mediterrânea e outros poemas*. Rio de Janeiro: Topbooks, 2000.

MACHADO DE ASSIS, Joaquim Maria. *Obra completa*. Rio de Janeiro: Nova Aguilar, 1997.

MAGALHÃES, Isabel Allegro de. *História e antologia da Literatura Portuguesa (Século XVII)*. Lisboa: Fundação Calouste Gulbenkian – Série HALP n.º 29 – Outubro 2004.

MATOS, Gregório de. *Poemas escolhidos* (org. José Miguel Wisnik). São Paulo: Cultrix, s/d.

MENEZES, Emílio. *Obra reunida*. Rio de Janeiro: José Olympio, 1980.

MOISÉS, Massaud. *Presença da literatura portuguesa: modernismo* – 4ª edição. São Paulo: Difel, 1983.

MOISÉS, Massaud. *Presença da literatura portuguesa: romantismo realismo* – 4ª edição. São Paulo: Difel, 1983.

MURICY, Andrade. *Panorama do movimento simbolista brasileiro*. Rio de Janeiro: Imprensa Nacional, 1952.

PESSANHA, Camilo. *Clepsydra* – edição crítica de Paulo Franchetti. Campinas: Editora da Unicamp, 1994.

PESSOA, Fernando. *Poesia (1902-1917)*. São Paulo: Cia. das Letras, 2006.

PESSOA, Fernando. *Poesia de Álvaro de Campos* – edição Teresa Rita Lopes. São Paulo: Cia das Letras, 2002.

PROENÇA FILHO, Domício. *Roteiro da poesia brasileira: arcadismo*. São Paulo: Global, 2006.

VERDE, Cesário. *Todos os poemas* (org. Jorge Fernandes da Silveira). Rio de Janeiro: Sette Letras, 1995.

CONHEÇA OS TÍTULOS DA COLEÇÃO CLÁSSICOS DE OURO

132 crônicas: cascos & carícias e outros escritos — Hilda Hilst
24 horas da vida de uma mulher e outras novelas — Stefan Zweig
50 sonetos de Shakespeare — William Shakespeare
A câmara clara: nota sobre a fotografia — Roland Barthes
A conquista da felicidade — Bertrand Russell
A consciência de Zeno — Italo Svevo
A força da idade — Simone de Beauvoir
A força das coisas — Simone de Beauvoir
A guerra dos mundos — H.G. Wells
A idade da razão — Jean-Paul Sartre
A ingênua libertina — Colette
A mãe — Máximo Gorki
A mulher desiludida — Simone de Beauvoir
A náusea — Jean-Paul Sartre
A obra em negro — Marguerite Yourcenar
A riqueza das nações — Adam Smith
As belas imagens — Simone de Beauvoir
As palavras — Jean-Paul Sartre
Como vejo o mundo — Albert Einstein
Contos — Anton Tchekhov
Contos de terror, de mistério e de morte — Edgar Allan Poe
Crepúsculo dos ídolos — Friedrich Nietzsche
Dez dias que abalaram o mundo — John Reed
Física em 12 lições — Richard P. Feynman
Grandes homens do meu tempo — Winston S. Churchill
História do pensamento ocidental — Bertrand Russell
Memórias de Adriano — Marguerite Yourcenar
Memórias de um negro americano — Booker T. Washington
Memórias de uma moça bem-comportada — Simone de Beauvoir

Memórias, sonhos, reflexões — Carl Gustav Jung
Meus últimos anos: os escritos da maturidade de um dos maiores gênios de todos os tempos — Albert Einstein
Moby Dick — Herman Melville
Mrs. Dalloway — Virginia Woolf
O amante da China do Norte — Marguerite Duras
O banqueiro anarquista e outros contos escolhidos — Fernando Pessoa
O deserto dos tártaros — Dino Buzzati
O eterno marido — Fiódor Dostoiévski
O Exército de Cavalaria — Isaac Bábel
O fantasma de Canterville e outros contos — Oscar Wilde
O filho do homem — François Mauriac
O imoralista — André Gide
O muro — Jean-Paul Sartre
O príncipe — Nicolau Maquiavel
O que é arte? — Leon Tolstói
O tambor — Günter Grass
Orgulho e preconceito — Jane Austen
Orlando — Virginia Woolf
Os 100 melhores sonetos clássicos da língua portuguesa — Miguel Sanches Neto (Org.)
Os mandarins — Simone de Beauvoir
Poemas de amor — Walmir Ayala (org.)
Retrato do artista quando jovem — James Joyce
Um homem bom é difícil de encontrar e outras histórias — Flannery O'Connor
Uma fábula — William Faulkner
Uma morte muito suave (e-book) — Simone de Beauvoir

Direção editorial
Daniele Cajueiro

Editor responsável
André Seffrin

Produção editorial
Adriana Torres
Laiane Flores
Juliana Borel

Revisão
Luíza Côrtes

Capa
Victor Burton

Diagramação
Ranna Studio

Este livro foi impresso em 2022
para a Nova Fronteira.